A. de LA VALETTE MONBRUN
LAURÉAT DE L'INSTITUT

AUTOUR DE MONTAIGNE ET DE LA BOËTIE

L'ÉNIGME DU « CONTR'UN »

PARIS
ALPHONSE PICARD ET FILS, ÉDITEURS
LIBRAIRES DES ARCHIVES NATIONALES ET DE L'ÉCOLE DES CHARTES
RUE BONAPARTE, 82

1908

L'ÉNIGME DU « CONTR'UN »

(Extrait du *Bulletin de la Société historique et archéologique du Périgord*)

A. de LA VALETTE MONBRUN
Lauréat de l'Institut

AUTOUR DE MONTAIGNE ET DE LA BOËTIE

L'ÉNIGME DU « CONTR'UN »

PARIS
ALPHONSE PICARD ET FILS, ÉDITEURS
LIBRAIRES DES ARCHIVES NATIONALES ET DE L'ÉCOLE DES CHARTES
RUE BONAPARTE, 82

1908

Autour de Montaigne et de La Boëtie

L'ÉNIGME DU « CONTR'UN »

La *Revue politique et parlementaire* a publié, au cours de l'année dernière, une étude sur *La Boëtie, Montaigne et le Contr'Un*, qui n'a pas été sans causer un certain étonnement dans le monde littéraire, une vive émotion chez les nombreux et fervents amis de l'auteur des *Essais* (1).

Dans deux longs articles, le docteur Armaingaud, de Bordeaux, s'est efforcé de démontrer, en premier lieu, que le *Discours sur la Servitude volontaire* ou le *Contr'Un* n'était pas un thème général de déclamation contre la tyrannie, mais un pamphlet politique contre Henri III ; en second lieu, que La Boëtie ne pouvait être l'auteur des principales parties de ce discours, et qu'il fallait vraisemblablement l'attribuer à Montaigne.

---

(1) A la suite d'une lettre éloquente de M. Hermann, la Société historique et archéologique du Périgord, dans une de ses précédentes séances, a, du commun accord des membres présents, élevé une protestation contre la thèse du docteur Armaingaud, si injurieuse pour la mémoire de Montaigne. Il nous a semblé que l'honneur de notre immortel compatriote méritait plus encore que cette manifestation spontanée de sympathie, et nous avons essayé de rechercher les raisons historiques, littéraires, philologiques — sans négliger les raisons de sentiment, — qui permettent de réfuter les dires du docteur Armaingaud.

A ce simple énoncé, on voit déjà avec quelle désinvolture M. Armaingaud se plaît à bouleverser les idées reçues et l'opinion qu'on était habitué à se faire des deux célèbres amis : à La Boëtie il faut enlever la paternité du *Contr'Un*, — son meilleur titre de gloire auprès de la postérité, — et Montaigne n'est plus le philosophe sceptique, étranger aux querelles de partis, ni l'homme si plein de franchise, qu'on connaît, mais un pamphlétaire politique des plus violents, en même temps qu'un habile mystificateur, qui, à couvert sous le nom d'un ami défunt, prêche la révolte contre le roi légitime, Henri III.

En toute sérénité d'âme et sans aucune idée préconçue, nous avons revu les pièces du procès que le docteur Armaingaud met sous nos yeux à l'appui de sa thèse audacieuse. D'accord avec le critique bordelais sur un certain nombre de points secondaires — peu connus jusqu'ici, — nous ne pouvons admettre ses conclusions qui, du reste, dépassent de beaucoup ses prémisses. Et désireux d'éclaircir, autant que faire se peut, le curieux problème d'histoire littéraire que soulève l'ouvrage de La Boëtie, nous tâcherons de prouver contre le docteur Armaingaud la triple proposition suivante :

1° Le *Discours sur la Servitude volontaire* ne saurait être considéré comme un pamphlet politique contre Henri III ;

2° Ce n'est pas Montaigne, mais La Boëtie qui est l'auteur des principales parties de ce discours ;

3° Les quelques interpolations ou altérations glissées dans le *Discours*, lors de sa publication, ne peuvent être que l'œuvre des éditeurs protestants.

Avant d'aborder point par point la discussion de la thèse de M. Armaingaud, il ne sera sans doute pas sans utilité de rappeler ici certains détails ou faits d'ordre historique.

Etienne de La Boëtie compose le *Discours sur la Servitude volontaire* au sortir de sa jeunesse studieuse et tout féru de la « merveilleuse » antiquité. Parents, maitres, amis, camarades de collège n'ont qu'une voix pour admirer l'éloquence entrainante du jeune conseiller au Parlement de Bordeaux. On se passe le discours sous le manteau, et d'aucuns peut-être, dès lors, en gardent secrètement une copie. Mise sous les yeux de Montaigne, cette « pièce » lui donne la première connaissance du nom de La Boëtie, « acheminant ainsi (entre eux) cette amitié... si entière et si parfaicte » dont parle délicieusement l'auteur des *Essais*, quand il écrit : « Si on me presse de dire pourquoy je l'aymois, je sens que cela ne se peult exprimer qu'en respondant : « Parce que c'estoit luy ; parce que c'estoit moy ».

La Boëtie meurt soudain le 14 août 1563, dans la trente-troisième année de son âge, et Montaigne, « son inthime frère et inviolable amy » devient l'héritier de sa bibliothèque et de ses papiers. Désireux d'arracher à l'oubli le nom de La Boëtie, l'auteur des *Essais* déploie un zèle pieux à rassembler les manuscrits épars de celui qu'il considère comme « le plus grand homme de son siècle. » Mais du recueil des œuvres de son ami, qu'il publie en 1571, il excepte à dessein le *Discours sur la Servitude volontaire* et des *Mémoires sur l'édit de janvier 1562*, trouvant « à ces deux pièces... la façon trop délicate et mignarde pour les abandonner au grossier et pesant air d'une si mal plaisante saison ».

En ces temps où les passions politiques et religieuses tournaient l'éloquence, la poésie, la philosophie même, en armes envenimées au service des partis, une telle réserve n'était que prudence chez Montaigne, à qui incombait le soin de défendre la bonne réputation de son ami. Mais les sages ont toujours peu d'imitateurs, et, en politique, tout fait balle qui va au but. C'est dans un pamphlet écrit en latin, sous forme de dialogue, et intitulé le *Réveille-matin des François*, que parut pour la première fois en 1574 le *Discours sur la Servitude volontaire* (1). En quel état n'était-il pas mis pour les besoins de la cause ! Inséré dans une longue dissertation sur le pouvoir des rois et la tyrannie, tronqué, mutilé, parfois défiguré, il ne portait ni titre, ni date, ni nom d'auteur.

Ce même *Discours* ne tarde pas à être publié dans son entier, et cette fois-ci en français, dans les *Mémoires de l'Estat*

---

(1) Le titre exact est celui-ci : *Le Réveille-matin des François et de leurs voisins, composé par Eugène Philadelphe, cosmopolite, en forme de dialogues.*

de France sous Charles le neufiesme, œuvre anonyme et collection de libelles diffamatoires contre le pouvoir royal, éditée par Simon Goulard, pasteur de Genève.

Contre la publication intempestive du *Discours* et surtout l'usage qui en était fait, Montaigne ne manque pas de protester au chapitre XXVII du livre premier des *Essais*. Et, soucieux de ne pas laisser entacher la mémoire de son ami auprès de la postérité, il « advise » ceux qui n'ont pu connaître de près les opinions et les actions de La Boëtie, que « ce subject feut traicté par luy en son enfance par manière d'exercitation seulement, comme subject vulgaire *et tracassé* en mille endroicts des livres ».

En dépit des paroles de Montaigne, si claires de sens et d'apparence si loyales, il règne un profond désaccord parmi les critiques sur l'interprétation et la portée du *Contr'Un*, et l'on pourrait au cas présent redire avec quelque raison le vers d'Horace :

Grammatici certant, et adhuc sub judice lis est.

Sainte-Beuve, Brunetière, MM. Lanson et Doumic, ainsi que les plus récents éditeurs de La Boëtie, le docteur Payen, L. Feugère, M. Bonnefon, ne voient dans le *Discours sur la Servitude volontaire* qu'un exercice de rhétorique et un thème général de déclamation sans portée sociale. Plusieurs autres écrivains, au contraire, Lamennais, Louis Blanc, Pierre Leroux, pour ne citer que les principaux, tiennent le *Contr'Un* pour le plus remarquable des traités politiques, et font de La Boëtie le précurseur des révolutions modernes.

Si rapprochée soit-elle de cette dernière opinion, la thèse qu'a soutenue récemment le docteur Armaingaud, n'en est pas moins toute nouvelle. Le *Contr'Un* serait bien un pamphlet politique ; mais, au lieu d'être dirigé contre Henri II, comme l'a écrit de Thou, il viserait Henri III. Des allusions directes à ce prince ne pouvant se trouver sous la plume de La Boëtie, mort dès l'année 1563, il y aurait lieu de rechercher l'auteur du *Discours sur la Servitude volontaire*, et tout naturellement le nom de Montaigne viendrait à l'esprit comme celui de l'écrivain, le plus en mesure à cette époque, le seul même capable d'avoir écrit ce *Discours*.

A l'exemple du docteur Armaingaud, entr'ouvrons le *Contr'Un*, et examinons, si, comme il le prétend, la peinture du tyran, ses actes, ses habitudes de vie, ses procédés pour tenir le peuple en servitude, bref, les principaux passages du *Discours* désignent vraiment Henri III.

I

Dès les premières pages l'auteur du *Contr'Un* s'indigne de voir tant d'hommes, tant de bourgs, tant de villes, tant de nations supporter les caprices « d'un tyran seul, qui n'a de puissance que celle qu'on lui donne. »

« Mais, ô bon Dieu ! s'écrie-t-il, que peult estre cela ? Comment dirons-nous que cela s'appelle ? Quel malheur est cestuy-là ? ou quel vice ? ou plustost quel malheureux vice ? Veoir un nombre infiny, non pas obeïr, mais servir ; non pas estre gouvernés, mais tyrannisés ; n'ayant ny biens, ny parents, ny enfants, ny leur vie mesme qui soit à eulx ! souffrir les pilleries, les paillardises, les cruautés, non pas d'une armée, non pas d'un camp barbare contre lequel il fauldroit despendre son sang et sa vie devant, mais d'un seul ! non pas d'un Hercules, ny d'un Samson, mais d'un seul hommeau, et le plus souvent du plus lasche et femenin de la nation ; non pas accoustumé à la pouldre des batailles, mais encores à grande peine au sable des tournois ; non pas qui puisse par force commander aux hommes, mais tout empesché de servir vilement à la moindre femmelette ? Appellerons-nous cela lascheté ? Dirons-nous que ceux-là qui servent soyent couards et recreus ? »

A en croire le docteur Armaingaud, la page qu'on vient de lire est remplie d'allusions, et tous les traits énumérés désignent sans aucun doute possible un seul personnage, Henri III. Etudions avec attention chacun d'eux successivement, et nous nous convaincrons, au contraire, sans beaucoup de peine, qu'ils peuvent convenir à toutes sortes de tyrans.

1° *Souffrir les pilleries, les cruautés, etc..., non pas d'un Hercule, ni d'un Samson, mais d'un seul « hommeau ».*

Le terme « hommeau », — et M. Armaingaud souligne la chose avec complaisance, — s'applique sans doute assez bien à Henri III, dont la taille, d'après l'histoire, était exigüe, et qui fut atteint dès sa jeunesse de scrofulo-tuberculose. Mais qui ne sait que la plupart des tyrans appartiennent à des races usées par les débauches et excès de toute nature? Au lieu de voir dans l'expression « hommeau » un des traits du physique d'Henri III, il est plus naturel de penser que le mot a été amené ici pour faire antithèse aux noms de Samson et d'Hercule.

2° *Du plus lasche et femenin de la nation.*

Le reproche de mollesse n'est guère significatif, tous les tyrans, ceux de l'Occident non moins que ceux de l'Orient, nous étant représentés comme efféminés. Quant à l'accusation de lâcheté, c'est un trait que l'on rencontre plus rarement dans l'histoire, mais qui ne saurait surprendre sous la plume d'un auteur, que la nature même de son sujet engageait à prêter tous les vices au tyran générique qu'il voulait peindre.

3° *Non pas accoustumé à la pouldre des batailles, mais encores à grande peine au sable des tournois.*

En dépit de l'argumentation laborieuse du docteur Armaingaud, nous nous refusons à regarder Henri III, le vainqueur de Jarnac et de Moncontour, comme un chef rempli de couardise et « non accoustumé à la pouldre des batailles ». Si le principal honneur des victoires de Jarnac et de Moncontour doit revenir aux maréchaux de Cossé et Tavannes, comme l'affirme le docteur Armaingaud, il n'en est pas moins vrai qu'Henri III se comporta avec bravoure dans ces deux batailles, notamment à Moncontour, où il eut un cheval tué sous lui.

4° *Non pas qui puisse commander par force aux hommes, mais tout empesché de servir vilement à la moindre femmelette.*

C'est ce dernier trait qui a principalement retenu l'attention de l'éminent praticien qu'est M. Armaingaud, et dont il a fait comme le pivot de sa thèse. Nous ne croyons donc pas pouvoir le passer sous silence. Tant pis pour qui s'en effarouche!

Que faut-il entendre par cette incapacité de « servir vilement à la moindre femmelette » dont parle l'auteur du *Contr'Un?* Pour le docteur Armaingaud il ne fait pas de doute que cette expression ne désigne l'infirmité génésique dont, au témoignage des historiens, était atteint Henri III, et à laquelle le nonce du pape fait allusion dans une lettre au Saint-Siège en date de 1574 (1). Et le bon docteur de triompher : Le voilà bien enfin le trait caractéristique dont on ne saurait contester l'authenticité, le trait « dominateur » qui vient renforcer tous les autres, et qu'on ne rencontre jamais chez le tyran traditionnel. — Prenons, toutefois, la peine d'examiner si les mots ont vraiment ici la signification que leur prête le docteur Armaingaud. L'expression « tout empesché de » qu'il fait sans hésitation l'équivalent de « incapable de » était employée au XVIe siècle dans un grand nombre d'acceptions différentes, suivant la nature de la proposition qui l'accompagnait. Il est donc difficile de lui donner un sens précis. Tous les éditeurs du *Discours* sont d'accord pour la rendre par ces mots : *tout occupé à, tout absorbé par*, etc. Or, c'est là une idée tout opposée à celle qu'énonce le docteur Armaingaud ; c'est ensuite, il importe de le remarquer, un trait fort commun qui s'applique bien au type traditionnel du tyran, homme, d'ordinaire, sensuel et voluptueux.

Et non seulement l'allure antithétique du morceau : *inapte à commander aux hommes,... tout asservi à une femmelette,* vient confirmer cette interprétation, mais argument décisif, le texte latin du *Discours* — qui est peut-être de La Boëtie lui-même, — nous assure que ce dernier sens est vraiment celui qu'avait en vue son auteur : « Non qui vi et annis homines ad imperium cogere possit, sed qui impudicæ muliercula *servitio totus adductus sit* ».

Au surplus, un simple examen des dates suffit à écarter l'opinion du docteur Armaingaud. C'est à son retour de Pologne et avant d'aller en France occuper le trône vacant par la mort de son frère Charles IX (30 mai 1574), qu'Henri III fit un séjour de trois mois à Venise, et y contracta l'infirmité à

(1) Archives du Vatican, carton III, 388.

laquelle le docteur Armaingaud suppose qu'il est fait ici allusion. Ceci étant, pour que le portrait du tyran et le trait final qui le termine, pût légitimement s'appliquer à ce prince, il faudrait que la phrase eût été écrite au plus tôt sur la fin de l'année 1574. Or, le fragment du *Contr'Un* paru dans le *Réveille-matin* est probablement de l'année précédente (1). Tout au moins, un écrivain protestant estimé, M. Henri Fazy (2), a-t-il démontré que le *Réveille-matin des François* fut sans conteste imprimé avant le 22 mars 1574. Partant, il ne saurait être question d'Henri III, roi de France, dans un écrit imprimé, alors que ce prince n'était encore que duc d'Anjou ou roi de Pologne.

Cette difficulté n'a pas échappé au docteur Armaingaud, et il a cru un instant, nous avoue-t-il, ne pouvoir la résoudre qu'en admettant que le pamphlétaire, écrivant au commencement de 1574, avait visé et le duc d'Anjou et son frère Charles IX : celui-ci le tyran qui règne et qui est officiellement responsable des massacres de 1572 ; celui-là, le tyran qui règnera demain, et que les protestants considèrent à ce moment comme le plus coupable des auteurs de la Saint-Barthélemy.

Cette opinion — comme toute opinion moyenne — était sensée. Pour l'étayer, on pouvait citer les lettres patentes du 10 septembre 1573, par lesquelles Charles IX désigne son frère Henri, roi de Pologne, « quoiqu'absent du royaume » de France, pour lui succéder sur le trône, au cas qu'il décèderait sans enfants mâles. On se serait trouvé ainsi en face d'un portrait combiné, chose fort admissible, et l'on aurait été amené à penser qu'en flagellant le roi Charles IX, Henri, son frère et Catherine de Médicis, la mère des deux princes et l'inspiratrice de leurs crimes, l'auteur du pamphlet avait entendu vouer à l'exécration la maison entière des Valois.

---

(1) De Thou, dans son *Histoire* (t. VII, p. 18), place à l'année 1573 la publication du *Contr'Un*. Si cette date était démontrée juste, l'argumentation du docteur Armaingaud n'aurait plus, pour ainsi dire, de valeur. Aussi M. Armaingaud accuse-t-il de Thou, si bien placé pour connaître du fait qui nous occupe, d'avoir été mal renseigné au sujet du *Contr'Un*.

(2) Henri Fazy, *La Saint-Barthélemy à Genève* (Fischbacher, Paris 1879.)

Oubliant trop facilement qu'on affaiblit ce que l'on exagère, M. Armaingaud a laissé de côté, en dernier lieu, cette interprétation pour affirmer que tous les traits de la peinture du tyran, même le trait final que nous avons discuté, sont *exclusivement* attribuables à Henri III. Pour fortifier sa thèse et mieux nous convaincre, il croit bon, néanmoins, de renforcer le portrait du tyran par l'examen de ses actes, de ses habitudes de vie et des principaux moyens employés pour assujettir le peuple.

« Pauvres gens, s'écrie l'auteur du *Discours de la Servitude*, et misérables peuples insensés, nations opiniâtres en votre mal et aveugles en votre bien ! Vous vous laissez emporter devant vous le plus beau et le plus clair de votre revenu, piller vos champs, voler vos maisons, et les dépouiller des meubles anciens et paternels ! Vous vivez de sorte que vous pouvez dire que rien n'est à vous, et sembleroit que meshuy ce vous seroit grand heur de tenir à ferme vos biens, vos familles et vos vies ; et tout ce dégast, ce malheur, cette ruyne, vous vient non pas des ennemis, mais bien certes de l'ennemy et de celui que vous faictes si grand qu'il est, pour lequel vous allez si courageusement à la guerre, pour la grandeur duquel vous ne refusez point de présenter à la mort vos personnes. Celui qui vous maistrise tant, n'a que deux yeux, n'a que deux mains, n'a qu'un corps, et n'a autre chose que ce que a le moindre homme du plus grand nombre infiny de vos villes, sinon que l'avantage que vous lui faictes pour vous destruire. Vous meublez et remplissez vos maisons, pour vous fournir à ses pilleries ; vous nourrissez vos filles afin qu'il ait de quoi saoûler sa luxure : vous nourrissez vos enfants afin que, pour le mieux qu'il fasse, il les mène en ses guerres, qu'il les conduise à la boucherie, qu'il les fasse les ministres de ses convoitises, les exécuteurs de ses vengeances : vous rompez à la peine vos personnes afin qu'il se puisse mignarder en ses délices et se vautrer dans les sales et vilains plaisirs. »

Cette page nous permet de saisir sur le vif le procédé du docteur Armaingaud. Trompé par le grave contre-sens du début, il applique spécialement à Henri III ce qui n'est qu'une déclamation générale contre la tyrannie. Que plusieurs des traits énoncés plus haut conviennent bien à Henri III, roi de France, nous n'en disconvenons pas ; mais qui peut nier qu'ils ne conviennent également à un Néron, à un Domitien, à un

Sardanapale et à la plupart des tyrans ?... Remarquons, du reste, que si l'on tient compte des dates, la violente diatribe qu'on vient de lire — et la chose mérite d'être soulignée — ne peut viser Henri de Valois que comme duc d'Anjou ou roi de Pologne. Or, d'après l'Estoile, si bien informé des choses de son temps, ce n'est qu'après avoir occupé quelques années le trône de France qu'Henri III en vint à se livrer aux orgies et débauches que lui a reprochées l'histoire.

A en croire le docteur Armaingaud, il y aurait encore dans le texte intégral du *Discours* beaucoup d'autres allusions contemporaines. C'est, par exemple, le passage où l'auteur du *Contr'Un* dénonce comme un des principaux fondements de la tyrannie, l'alliance étroite de « quatre ou cinq qui maintiennent le tyran » et « lui tiennent le païs tout en servage ».

M. Armaingaud se trompe quand il déclare qu'on ne trouve rien de pareil avant Henri III. Autour de la plupart des despotes dont l'histoire fait mention, l'on voit groupés quelques vils personnages — créatures vendues à un maître auquel ils doivent tout — qui, forts de leur influence pernicieuse sur le prince, se font donner le gouvernement des provinces, dilapident le trésor public et pressurent le peuple à qui mieux mieux. Le texte même du *Discours* est significatif sur ce point :

> *Toujours* il a esté que cinq ou six ont eu l'aureille du tyran, et s'y sont approchés d'eulx-mêmes, ou bien ont estés appelez par lui pour estre les complices de ses cruautés, les compaignons de ses plaisirs, pourvoyeurs de ses voluptés, et communs au bien de ses pilleries.

M. Armaingaud assure qu'il est impossible de ne pas reconnaître ici le règne des Villequier, des du Guast, des Pibrac et autres mignons ou favoris d'Henri III. Certains critiques, au contraire, ont pensé que l'auteur du *Discours* avait eu en vue les affranchis de Claude ou les compagnons de Néron. Enfin, M. Combes, professeur d'histoire à la Faculté de Bordeaux, a cru découvrir en cette page le tableau fidèle des faits qui se déroulèrent sous François II et sous Charles IX, lors de la domination des Guise, et il a même écrit cette parole qu'aurait dû méditer davantage M. Armaingaud : « Ce n'est pas le règne d'*Henri III* qui pouvait lui fournir (à La Boëtie) le sujet d'une peinture si sombre, mais bien celui de François II (1) ».

L'auteur du *Discours sur la Servitude* nous parle ailleurs des princes qui, « se mettant la religion devant, pour garde-corps », se servent de pratiques superstitieuses pour tromper le peuple et mieux assurer leur pouvoir. Henri III ayant été à la fois dévot et débauché, M. Armaingaud n'a pas manqué d'exploiter cette coïncidence fortuite au profit de sa thèse. Très habilement il s'efforce de nous persuader que la page du *Contr'Un* où la religion est indiquée comme ayant parfois servi d'auxiliaire à la tyrannie, contient une allusion aux procédés de politique et aux habitudes de vie d'Henri III. C'est donner à un fait d'ordre général une application trop particulière. A bien étudier l'histoire, « cette maîtresse de la vie », on remarque aisément que comme les portraits des tyrans se ressemblent, leurs actes se répètent aussi. Henri III, qui, après s'être abandonné à de honteuses orgies, affectait de suivre les processions en habit de pénitent, n'est pas le seul monarque qui ait usé de la religion pour pallier ses vices et en imposer davantage à ses sujets. Le procédé fut de tout temps familier aux tyrans, qui, tous sans exception, au dire de M. Armaingaud lui-même, se sont servis des mêmes moyens pour tâcher « d'accoustumer le peuple envers eulx non pas seulement à l'obéissance et servitude, mais encores à dévotion ».

Le lecteur est peut-être maintenant édifié sur la fragilité de la première partie de la thèse de M. Armaingaud. Nous avons démontré qu'aucun des passages allégués comme étant une allusion directe à Henri III, ne s'applique spécialement à ce prince. Si plusieurs traits de la peinture du tyran semblent lui convenir, c'est qu'ils sont d'une portée assez générale pour caractériser les despotes de tous les temps.

A supposer que l'appareil critique déployé par M. Armain-

---

(1) F. Combes, *Les idées politiques de La Boëtie et de Montaigne*, Bordeaux, 1882.

gaud eut une réelle valeur, la thèse elle-même n'en resterait pas moins fort contestable. Oubliant, en effet, que « la chronologie est l'œil de l'histoire », M. Armaingaud raisonne, discute, affirme, sans prêter grande importance aux dates, qui, nous l'avons prouvé, contredisent la plupart de ses assertions. S'il avait eu bien présent à l'esprit que le *Réveille-matin des François*, où est contenu le premier fragment important du *Contr'Un*, fut publié avant le 22 mars 1574, que l'insertion intégrale du *Discours* dans les *Mémoires de l'Estat de France* ne saurait être postérieure au mois d'octobre de la même année (1), c'est-à-dire un mois à peine après le retour de Pologne d'Henri III, M. Armaingaud aurait évité, sans doute, de nous présenter comme des propositions établies, « avec une extrême vraisemblance », ses conceptions et rêveries sur le *Contr'Un*.

Faut-il ajouter que l'idée maîtresse du *Réveille-matin* vient encore battre en brèche l'édifice historique si péniblement échafaudé par M. Armaingaud ?

Cet ouvrage fut écrit, selon M. Paul Bonnefon, l'éminent éditeur de La Boëtie, pour inviter le duc de Guise à enlever le pouvoir aux indignes Valois, et lui assurer, sous la promesse de certaines garanties de libertés politiques et religieuses, le concours sincère des Huguenots. Or, l'élection récente du duc d'Anjou au trône de Pologne ne pouvait qu'aplanir les voies à cette audacieuse entreprise. Par suite, l'on peut remarquer, en lisant attentivement le *Réveille-matin*, que les auteurs de ce libelle diffamatoire, s'ils couvrent d'injures toute la maison des Valois, en veulent beaucoup moins à Henri, le nouveau roi de Pologne, qu'à Charles IX, le monarque régnant et à Catherine, sa mère, regardés tous deux comme auteurs responsables de la Saint-Barthélemy. C'est en termes relativement modérés que l'on parle du futur Henri III.

Les Protestants avaient quelque reconnaissance au prince d'avoir, en acceptant le trône de Pologne, promis à ses sujets

(1) Avant l'édition de 1576 des *Mémoires de l'Estat de France*, il y en a eu une autre — aujourd'hui introuvable — dont M. Armaingaud se garde bien de parler. Pierre de l'Estoile mentionne cette première édition des *Mémoires*, et la place en l'année 1574.

certaines libertés constitutionnelles. Puis l'on espérait bien ne pas le voir revenir d'un pays aussi lointain. Dans une épître adressée aux Polonais, on plaisante ce peuple sur le roi qu'il vient de se donner, et on le remercie d'avoir délivré la France d' « un tel diable ». Grand bien vous fasse, semble-t-on dire aux Polonais, vous avez un roi, gardez-le, et surtout ne le laissez pas échapper.

Ce ton railleur et enjoué fait place à la plus violente irritation toutes les fois qu'il s'agit de la reine-mère, Catherine de Médicis, que l'on pare de tous les vices, et du roi Charles IX, qui est marqué au front d'une épithète constamment répétée : le *tyran*. L'on souhaite de trouver un autre royaume où l'on puisse faire élire ce prince comme monarque « quand bien même ce seroit au royaume des Furies », vu qu'il est « digne avec sa mère et son Conseil d'y présider ». L'auteur passe en revue les divers peuples qui pourraient « en dépestrer bientôt la France », mais aucun ne veut d'un tel « monstre pour roy. » Telle est l'idée fortement mise en lumière dans la préface du *Réveille-matin* et dans une pièce de vers intitulée : *Vers au chasseur déloyal*. L'appellation de *chasseur déloyal*, n'en déplaise au docteur Armaingaud, ne saurait, en effet, d'aucune façon, convenir à Henri III. Elle désigne clairement, au contraire, et à un double titre, Charles IX, ce prince ayant composé dans sa jeunesse un livre fort estimé des connaisseurs : *la Chasse royale*, et étant accusé par les Huguenots, de s'être embusqué derrière une fenêtre le jour de la Saint-Barthélemy pour tirer sur les Protestants.

Ainsi, pas plus dans le *Réveille-matin* que dans les *Mémoires de l'Estat de France*, Henri III n'est le tyran visé par l'auteur du *Contr'Un*. On ne trouve dans aucun des historiens du temps une opinion analogue. Ceux-là mêmes, qui, refusant d'accepter l'interprétation de Montaigne, ont jugé le *Contr'Un* comme un manifeste politique, n'ont jamais émis l'idée qu'il eût été écrit contre Henri III ; à plus forte raison n'ont-ils pas soupçonné Montaigne d'être l'auteur de ce *Discours*, ou, du moins, des principaux passages (ceci est la seconde partie de la thèse de M. Armaingaud), et de l'avoir fait passer sous main aux

Protestants pour les aider à soulever le peuple contre l'autorité d'Henri III.

La thèse du docteur Armaingaud a le mérite d'être entièrement originale. Il n'y a qu'un regret, c'est qu'elle soit aussi invraisemblable qu'hypothétique. Les textes du *Discours* que nous avons déjà étudiés comme ceux des *Essais* qui nous restent à examiner, ne justifient, à la vérité, en aucune façon, les inductions de M. Armaingaud. Quant aux faits qu'il a accumulés avec beaucoup de patience et groupés avec un art consommé, ils ne résistent pas, pris à part, à un examen sérieux.

Pascal a dit : « Ce n'est pas dans Montaigne, mais dans moi que je trouve ce que j'y vois. » Pareillement, bien que M. Armaingaud semble posséder à fond les *Essais*, nous inclinons à penser que ce n'est ni dans Montaigne, ni dans La Boëtie, mais en lui-même, qu'il a trouvé l'interprétation si personnelle qu'il nous donne du *Discours sur la Servitude volontaire*.

II

Les maîtres de la critique au XIXe siècle, Villemain, Sainte-Beuve, Taine, nous ont appris que pour bien comprendre une œuvre littéraire, il n'est rien de mieux que de la replacer à l'époque où elle fut écrite et dans les circonstances qui l'ont vu naître. Il importe, toutefois, de ne pas confondre la date de la composition d'un ouvrage avec la date de sa publication. Telle a été l'erreur commise par M. Armaingaud. Persuadé que le *Discours sur la Servitude volontaire*, paru au début de l'année 1574, alors que Charles IX était déjà valétudinaire, ne pouvait viser qu'Henri III, le successeur désigné de ce prince, il a été amené à considérer comme une œuvre d'actualité politique ce qui n'est pour la forme qu'un exercice de déclamation et, si l'on veut, pour le fond l'ébauche d'une dissertation morale.

Nous discuterons plus loin les raisons qui ont incité le docteur Armaingaud à mettre en doute la véracité de Montaigne, sur la foi duquel on avait cru jusqu'ici que le *Discours sur la Servitude* était l'œuvre de La Boëtie, qui « l'écrivit par manière d'essai en sa première jeunesse (1) ». Auparavant, une brève étude du *Discours* va nous permettre de convaincre tout lecteur non prévenu, que rien ne s'oppose à ce que La Boëtie soit l'auteur du *Contr'Un*.

Désireux de préciser, autant que possible, la date du *Discours sur la Servitude*, M. Paul Bonnefon a émis l'idée qu'il avait été composé dans les années où La Boëtie avait fréquenté l'Université d'Orléans, et il a voulu voir, dans la déclamation un peu enthousiaste du *Contr'Un*, le reflet des sentiments qu'avait su inspirer à la jeunesse ardente de l'Université le célèbre professeur d'alors, Anne du Bourg.

Si l'on venait à démontrer que cette hypothèse n'est pas fondée, il n'en resterait pas moins vrai qu'à l'époque où La Boëtie prit la plume, c'est-à-dire vers la moitié du XVIe siècle, le culte des lettres latines et grecques était à son apogée. De toutes parts se manifestait une noble émulation à pénétrer les secrets de la pensée antique et à la reproduire. On composait d'innombrables quantités de vers latins, on s'appliquait à traduire en français les meilleurs ouvrages des auteurs anciens, l'on écrivait, l'on dissertait, l'on discourait dans la langue de Cicéron.

La Boëtie, pour qui relit l'ensemble de ses œuvres, apparaît comme le véritable contemporain des Estienne et des Amyot, des Scaliger, des Baïf et des Dorat. Comme ces grands érudits avec la plupart desquels il fut lié ou, du moins, entretint commerce épistolaire, le jeune conseiller au Parlement de Bordeaux est *humaniste* avant tout. Plutarque l'attire par sa douce sagesse, et il met en français les *Règles de mariage* ainsi que la *Lettre de consolation* du moraliste grec à sa femme. Il donne aussi une excellente traduction des *Economiques* de Xénophon, ouvrage qu'il intitule très heu-

(1) *Essais de Montaigne*, t. I, chap. XXVII. (Edition Buchon.)

reusement la *Mesnagerie* ou l'art de bien conduire son ménage (1).

Si les vers français de La Boëtie, dont il ne nous reste qu'un petit nombre, n'ont qu'une valeur relative, en revanche ses poésies latines, qui forment un recueil important, sont si remarquables qu'au dire de Scévole de Sainte-Marthe, l'on a cru « que la ville de Bordeaux remporta finalement par elles un honneur que depuis le temps d'Ausone elle n'avait jamais osé espérer ».

Traducteur, versificateur, La Boëtie n'aurait pas été complètement de son époque, s'il ne s'était essayé dans cet art oratoire que l'antiquité a porté si haut. Le jeune étudiant a la tête pleine de périodes cicéroniennes : il a lu cent fois les discours de Tite-Live, de Tacite et de Salluste. Quoi d'étonnant qu'un beau jour son érudition lui soit montée au cerveau, et qu'il se soit laissé aller à épancher sa verve rhétoricienne ! Le *Discours sur la Servitude volontaire* ne serait ainsi qu'un innocent pastiche, mais un pastiche de génie, et, comme l'a dit Sainte-Beuve, « le chef-d'œuvre d'une seconde année de rhétorique ». Le pamphlétaire qu'on a voulu voir chez La Boëtie, en isolant à tort le *Contr'Un* de ses autres ouvrages, doit faire place au savant, à l'humaniste de la Renaissance, au philologue épris de l'antiquité.

A la suite de Montaigne, Tallemant des Réaux tient le *Discours sur la Servitude volontaire* pour une « amplification de collège », et M. Mongin le considère comme « jeux et exercices de jeune homme ». L'ouvrage de La Boëtie est sans doute cela, nous venons de le démontrer ; mais il est quelque chose de plus et de mieux.

A mesure qu'il écrit, le jeune homme s'échauffe : son sujet le passionne. La considération de l'état déplorable où gît un peuple, ployé sous le joug d'un tyran, émeut son âme fière. Enflammé par l'amour de la justice et la haine du despotisme, il adjure les hommes de secouer les fers auxquels leur stupide

(1) Les diverses traductions de La Boëtie ont été publiées par Montaigne lui-même en 1571, à Paris, chez Féderic (*sic*) Morel, l'ancien, rue Saint-Jean-de-Beauvais. Ce petit livre in-8°, qui fut imprimé avec privilége du 18 octobre 1570, est aujourd'hui fort rare, et recherché des bibliophiles.

indolence a bénévolement tendu les mains; car, à ses yeux, *la servitude est un vice, la liberté une vertu.* La Boëtie ne fait plus simplement ici œuvre de rhéteur : il devient *moraliste*, et c'est avec raison que Prévost-Paradol l'a rangé dans un de ses ouvrages sous cette dénomination, en compagnie de Montaigne, de Pascal, de La Rochefoucauld et de Vauvenargues.

On se tromperait, toutefois, en s'attendant à trouver dans le *Contr'Un* un traité didactique où seraient exposés méthodiquement la nature, les causes, les remèdes de la servitude. C'est plutôt, à vrai dire, une longue invective contre la lâcheté des peuples qui s'endorment dans une honteuse soumission à tous les caprices du tyran, et Royer-Collard en a bien résumé l'idée principale, quand il a prononcé cette forte parole : « Les esclaves volontaires font plus de tyrans que les tyrans ne font d'esclaves volontaires ».

Tout d'abord venant à considérer « l'opiniâtre volonté de servir » qui se trouve « si avant enracinée » chez certains peuples, La Boëtie se demande si la liberté est bien naturelle à l'homme. Il n'hésite pas à répondre par l'affirmative, et, devançant le *Contrat social*, il pose en principe que tous les hommes étant nés libres et égaux, nul n'a le droit de confisquer leur liberté. Grand est, par suite, « son esbahissement de veoir un » million de million d'hommes servir misérablement, ayants le » col soubs le joug, non pas constraincts par une plus grande » force ; mais aulcunement (ce me semble) enchantés et char- » més par le seul nom d'*Un*, duquel ils ne doibvent ny craindre » la puissance, puis qu'il est seul, ni aymer les qualités, puis » qu'il est, en leur endroict, inhumain et sauvage ». Le jeune orateur va chercher chez les « bestes brutes » des exemples pour enseigner aux hommes leur nature et condition.

Il nous les montre criant à leur façon : « Vive Liberté ! » Plusieurs meurent, dès qu'elles sont prises, « comme le poisson qui perd la vie aussitost que l'eau ». D'autres, quand on veut les rendre captives, « font si grande résistance d'ongles, de cornes, de pieds, de bec, qu'elles déclarent assez combien elles tiennent cher ce qu'elles perdent ». Et La Boëtie de conclure que si les animaux avaient entre eux des rangs et prééminences, certainement « ils feroient de la liberté leur noblesse ». Par quel contraste inouï l'homme, seul d'entre tous les êtres de la création, en est-il venu à n'avoir aucune estime de la liberté et à soutenir lui-même le tyran qui l'opprime ?...

La seconde idée — plus originale que la première — sur laquelle La Boëtie insiste, comme à plaisir, dans le *Discours sur la Servitude volontaire,* peut se traduire ainsi : *N'est esclave que qui le veut bien.* La servitude dont gémit une nation a cela de particulier qu'elle est le fait du peuple lui même, qui par son inertie et sa mollesse, l'ignorance de sa force et de ses droits, s'en est rendu complice. « C'est le peuple qui s'asser- » vit, qui se coupe la gorge, qui, ayant le chois d'estre subject » ou d'estre libre, quitte sa franchise et prend le joug, qui con- » sent à son mal ou plustost le pourchasse ».

La Boëtie distingue trois sortes de tyrans : « les uns ont le » royaume par l'eslection du peuple ; les aultres, par la force » des armes ; les aultres, par la succession de leur race. » Mais, pour divers que soient les moyens de parvenir au trône, « la façon de régner est quasi-semblable », et tous ces méchants princes « font du royaume comme leur héritage ». L'auteur du *Discours* s'apitoie sincèrement sur ceux « qui en naissant se sont trouvés le joug au col »; mais il les excuse et leur pardonne, attendu que « n'ayants jamais veu l'ombre de la liberté, » et n'en estant point advertis, ils ne s'aperçoivent pas du mal » que ce leur est d'estre esclaves ».

La tyrannie une fois fondée s'entretient de plusieurs manières. Suivant La Boëtie, la première raison de la servitude volontaire, c'est la *coutume.* Parce que les pères ont été « subjects», les fils pensent qu'ils « sont tenus d'endurer le mors », fondant de la sorte sur la longueur de l'esclavage « la possession de ceux qui les tyrannisent ». Lorsqu'un peuple s'est ainsi forgé à lui-même sa propre chaine pendant des siècles, il est bien difficile de le tirer du servage, qui est devenu comme sa seconde nature. « Toujours en demeure-t-il quel- » ques-uns (toutefois), mieulx nays que les aultres, ... ayants » la teste d'eulx-mêmes bien faicte », et l'intelligence développée par « l'estude et le sçavoir », qui sentent le poids du joug et « ne peuvent tenir de le crouler » (s'empêcher de le secouer). Mais le tyran leur enlève toute liberté « de faire et de parler, et quasi de penser », s'efforçant par tous les moyens de les « abestir ». A cet effet, il multiplie les théâtres, les jeux, les spectacles de gladiateurs, et l'histoire dit assez que nul oiseau ne se prit jamais mieux à la pipée que les peuples à ces appâts de la servitude.

Venant à rechercher quel est le ressort caché de la domination et le fondement de la tyrannie, La Boëtie ne le trouve ni dans les hallebardes des gardes, ni dans les bandes de gens à cheval, mais plutôt dans l'*intérêt personnel*, qui rapproche cinq à six compagnons du tyran, devenus « complices de ses » cruautés, maquereaux de ses voluptés, et communs au bien » de ses pilleries ». « Ces six ont six cents qui proufitent soubs » eulx » de la tyrannie, ces six cents « tiennent soubs eulx six » mille... auxquels ils ont faict donner ou le gouvernement des » provinces ou le maniement des deniers... Et qui vouldra s'a» muser à dévuider ce filet, il verra que, non pas les six mille, » mais les cent mille, les millions, par cette chorde se tien» nent au tyran, s'aydant d'icelle »

Cette ruse des tyrans d'asservir leurs sujets les uns par le moyen des autres excite l'indignation de La Boëtie, et il dénonce en termes virulents cette criminelle organisation de la tyrannie, où l'on voit les hommes les plus pervers d'une nation soutenir de toutes leurs forces le tyran, sous la promesse plus ou moins avouée de participer avec lui à ce qu'on peut appeler le dépècement du royaume. Les peuples ne s'y trompent point, qui du mal qu'ils souffrent, n'accusent pas le tyran, « mais ceulx qui le gouvernent » ; « ceulx-là..., ils savent leurs » noms, ils deschiffrent leurs vices, ils amassent sur eulx mille » outrages, mille vilenies, mille mauldissons ; ...touts les ma» lheurs, toutes les pestes, toutes les famines, ils les leur repro» chent ; et si quelques fois, ils leur font par apparence quelque » honneur, lors mesme, ils les maugréent en leur cœur, et » les ont en horreur plus estrange que les bestes sauvages ».

Pour ce qui est des remèdes, propres à s'affranchir du joug du tyran, La Boëtie n'en donne, à proprement dire, aucun, à moins que l'on ne veuille considérer comme tel, l'exhortation contenue en ces mots : « Soyez résolus de ne servir plus;

et vous voilà libres ». Il est vrai qu'il développe éloquemment son idée, montrant que tous les malheurs qui accablent un peuple asservi, lui viennent, non des ennemis du dehors, mais de l'ennemi intérieur, que ce peuple s'est donné à lui-même, et qu'il a fait par sa servilité « si grand qu'il est ».

Point n'est besoin, conclut-il, de pousser ni branler le tyran : il suffit de ne le soutenir plus. Alors le verra-t-on « comme un grand colosse à qui on a desrobbé la base, de son poids mesme fondre en bas et se rompre ».

Tel est le *Discours sur la Servitude*, œuvre d'un esprit plus généreux qu'expérimenté, qui soulève beaucoup de questions sans en résoudre aucune, mais a, du moins, le rare mérite de faire penser. Du rapide exposé qui vient d'être fait, se dégage nettement l'impression que le discours — nous l'avons déjà démontré dans une première partie par l'étude des principaux passages — peut convenir à toutes sortes de tyrannies. Néanmoins, contrairement à l'opinion de M. Armaingaud, la haine de La Boëtie contre les tyrans apparait à la réflexion plutôt antique que moderne. Le jeune rhétoricien ne s'attaque ni à Guise ni à Condé ; il ne prend parti ni pour ni contre les Réformés : on dirait que l'histoire politique de son temps le laisse indifférent. Toute son indignation reste concentrée contre les Sylla, les Tibère, les Néron, les Denys et autres « tyrans du passé ». S'il glisse une allusion à son pays et à son époque, c'est pour se féliciter que la France ait eu « toujours » des roys si bons en la paix, si vaillants en la guerre que, en- » cores qu'ils naissent roys, si semble-il qu'ils ont esté non pas » faicts comme les aultres par la nature, mais choisis par le » Dieu toutpuissant, devant que naistre, pour le gouvernement, » et la garde de ce royaume ».

Que cette phrase, si élogieuse pour la royauté, ne se rencontre pas chez M. Armaingaud, on n'en sera pas autrement surpris : il l'a jugée sans doute peu propre à nous persuader que le *Contr'Un* dans la pensée de son auteur, avait été une mordante critique de la monarchie française. On regrettera, toutefois, que par un commentaire d'une ingéniosité... disons *excessive*, M. Armaingaud tâche à nous faire prendre les princes qui se sont assis sur le trône de France, et en particulier ceux qui ont régné au XVIe siècle, pour les tyrans dénoncés par l'auteur du *Contr'Un*. Nos tyrans, dit-il, — sous couleur de résumer un passage du discours — « nos rois », ceux que *nous* et nos ancêtres *avons* et avons eus pour nous gouverner, ont inventé « les mêmes impostures » (fleurs de lys, sainte Ampoule, etc.) (1). — Si l'on veut bien remarquer que ni les mots écrits par nous en italiques, ni les expressions mises par M. Armaingaud entre guillemets ne se trouvent dans le *Contr'Un*, on conviendra que le critique bordelais est passé maître dans l'art où s'est distingué Renan, celui de solliciter les textes. Voici textuellement le passage du *Discours* dont il s'agit : « Les nostres semèrent en France je ne sçais quoy de tel : » des crapauds, des fleurs de lis, l'ampoule, l'oriflan ; ce que » de ma part, comment qu'il en soit, je ne veulx pas encores » mescroire, puisque nous et nos ancestres n'avons eu au- » culne occasion de l'avoir mescreu... »

Quand bien même tout cela ne serait qu'imaginaire, La Boëtie nous avertit qu'il ne veut pas entrer en lice pour débattre la vérité de nos histoires. En bon humaniste qu'il est, il comprend tout le parti que pourra tirer notre poésie française de ces données où le merveilleux se trouve avoir libre carrière. Et il estime que ce serait faire grand tort « à nostre » rhythme,.. de luy oster maintenant ces beaux contes du roy » Clovis », auxquels dit-il, déjà il voit, « combien plaisam- » ment, combien à son eyse (aise), s'y esgayera la veine de » nostre Ronsard en la Franciade. »

Nous touchons ici à une autre objection du docteur Armaingaud. Du fait que le *Contr'Un* renferme une allusion à la Franciade, qui, on le sait, n'a paru qu'en 1572, soit neuf ans après la mort de La Boëtie, M. Armaingaud croit pouvoir induire que l'ami de Montaigne ne saurait être l'auteur du *Discours*. Mais nul n'ignore que le poème épique de Ronsard, tout comme la *Pucelle* de Chapelain, fut annoncé au monde lettré plus de vingt ans avant sa publication. L'on sait aussi que La Boëtie eut des relations suivies avec plusieurs membres de Pléiade, Baïf, Dorat et du Bellay. Plus intime encore

---

(1) Dr Armaingaud. *La Boëtie, Montaigne et le Contr'Un*, page 17.

dût être son commerce avec Ronsard, puisqu'aussi bien il nous déclare dans ce même passage du *Contr'Un* que la grâce de l'homme, son esprit aigu, la portée de sa verve lui sont connus. Quoi d'étonnant, par suite, de rencontrer sous la plume de La Boëtie une mention du poème tant attendu de l'Homère français ? Au reste, avec plus d'attention et moins de parti-pris dans la lecture du texte, M. Armaingaud aurait remarqué que l'auteur du *Contr'Un* parle de l'épopée de Ronsard, non comme ayant paru, mais comme *devant paraître*. Or, si le *Discours* avait été écrit en 1573 ou 1574, c'est-à-dire un ou deux ans après la publication de la Franciade, l'auteur aurait usé du temps passé pour parler de ce poème, et vraisemblablement il se serait étendu davantage sur un ouvrage aussi considérable. L'argument qu'a voulu tirer M. Armaingaud de l'allusion à la Franciade, qui se trouve dans le *Discours sur la Servitude volontaire*, se retourne contre lui, et l'écrase de tout son poids.

Ainsi, toutes les objections de M. Armaingaud étant réduites à néant, aucune impossibilité n'apparaît à ce que La Boëtie ait composé le *Contr'Un*. Tout au contraire, un certain nombre de raisons — quelques-unes peu mises en évidence jusqu'alors s'unissent pour nous convaincre que le *Discours sur la Servitude* ne peut être que de La Boëtie.

On rencontre vers le milieu du *Discours* une phrase qui débute par ces mots : « Car vous savez bien, ô Longa... ». — Qui était cet énigmatique personnage ?... Il nous est possible, à la suite du docteur Payen, de lui restituer sa véritable physionomie. Bertrand de Larmandie, baron de Longa, était le neveu de Jacques, évêque de Sarlat en 1532. Sa famille habitait le château de Longa, distant d'une quarantaine de kilomètres de la ville de Sarlat (1). Dans les fréquents séjours qu'il fit chez son oncle, le jeune Longa se lia d'amitié avec La Boëtie, originaire, on le sait, de Sarlat, et tous deux devenus camarades de collège, mirent une noble émulation à l'étude

(1) Ce château, aujourd'hui en ruines, fait partie de la commune de Sainte-Foy-de-Longa (canton de Ste-Alvère, arrondissement de Bergerac).

des langues anciennes. Aussi, est-ce à son ami d'enfance qui avait appris, en même temps que lui, à goûter la redondance des périodes cicéroniennes, que La Boëtie jugea bon de dédier son *Discours de la Servitude volontaire*. Ce simple fait n'en dit-il pas plus en faveur de La Boëtie, auteur du *Contr'Un*, que tous les arguments de critique subjective que nous présente M. Armaingaud ?...

De plus, pour qui sait voir, l'œuvre révèle l'homme. Montaigne nous dit de son ami qu'il avait « l'esprit moulé au patron d'aultres siècles que ceulx-cy. » Or, tout est antique dans le *Discours sur la Servitude*, l'inspiration que l'on croirait procéder de cet esprit de discussion et d'indépendance, qui animait autrefois les démocraties grecque et romaine, la pensée qui n'est autre que cette passion de la liberté si vivace chez les peuples anciens, la forme enfin dont la mâle énergie et la sévère beauté rappelle parfois les plus éloquentes pages d'un Démosthène ou d'un Tacite. Aussi Villemain a-t-il pu dire qu'en feuilletant le *Discours de la Servitude volontaire*, « on croirait lire un manuscrit antique trouvé dans les ruines de Rome sous la statue brisée du plus jeune des Gracques ».

L'auteur du *Contr'Un*, quoiqu'en aient pensé Lamennais et le docteur Armaingaud, n'est pas un révolutionnaire. On chercherait en vain chez lui l'excitation au régicide, que l'on rencontre maintes fois dans les écrits de ses contemporains, les Languet et les Hotman. Son ouvrage n'a du pamphlet que le ton, souvent enflé et déclamatoire. Toute théorique est sa haine contre la tyrannie, et c'est ne pas avoir compris le *Discours* que d'y découvrir la censure du pouvoir royal de l'époque. L'auteur du *Contr'Un*, on s'en souvient, distingue soigneusement entre les tyrans du passé, sortes de « mange-peuples » et les rois de France « si bons en la paix, si vaillants en la guerre ». La profession de foi royaliste qui se lit dans le *Discours de la Servitude*, et que nous avons mise précédemment en lumière, n'a rien qui puisse nous surprendre de sa part. C'est encore Montaigne qui nous apprend que son ami avait pour maxime « souverainement empreinte en son âme » d'obéir et de se soumettre religieusement aux lois de son pays. On ne vit jamais, affirme l'auteur des *Essais*, « meilleur citoyen, ni plus

» affectionné au repos de son païs, ni plus ennemy des remue-
» ments et nouvelletés de son temps ; il eust bien plustot em-
» ployé sa suffisance à les esteindre qu'à leur fournir de quoy
» les esmouvoir davantage » (1).

Les affirmations de Montaigne sont ici corroborées par l'histoire de la réforme en Guyenne. Ce fut grâce au zèle extraordinaire du Parlement de Bordeaux et à l'énergie de son président, de Largebaton, que la province, si travaillée fut-elle par les novateurs, resta fidèle à l'autorité du Roi. Pour sa part, La Boëtie, avec quelques jeunes conseillers, parcourut une grande partie du pays, ranimant les courages abattus, se jetant dans les villes menacées, et enfin, la crise passée, au nom du Parlement dont il était « l'oracle », il écrivit sur l'édit de Janvier, œuvre de la sagesse de l'Hôpital, des *Mémoires* qui, — on le croit, du moins, — prêchaient avec la tolérance mutuelle l'attachement à la cause royale et aux vieilles croyances traditionnelles. La Boëtie, à l'instar de son ami Montaigne, était donc un homme d'esprit éminemment conservateur, et vouloir le faire passer pour un révolté et un précurseur de nos modernes anarchistes, parce qu'il aurait écrit le *Contr'Un*, serait mettre en opposition absolue ses actes et ses paroles. M. Armaingaud déclare que tout dans la vie et la mort de La Boëtie s'oppose à ce qu'il ait écrit le *Contr'Un*. — Assurément, si le *Contr'Un* est une violente critique de la monarchie française ; il en est tout autrement si, comme nous avons essayé de le démontrer, ce *Discours* doit être tenu pour un simple travail d'école. La Boëtie, tel que l'étude attentive de sa vie et de ses ouvrages nous le fait connaître, doué tout à la fois d'une âme ardente et d'un cœur généreux, épris des lettres anciennes, habile dans l'art oratoire, respectueux de l'ordre établi et dévoué à la royauté, ennemi de l'injustice et de toutes les oppressions, devait plutôt que quiconque au XVIe siècle, écrire le *Discours sur la Servitude volontaire*.

III

Dès là qu'il n'a pas été démontré qu'il y eût impossibilité à ce que La Boëtie fût l'auteur du *Contr'Un*, et qu'au contraire,

(1) *Les Essais*, t. I, ch. XXVII.

les diverses raisons que nous avons déjà développées, viennent corroborer le sentiment unanime de la critique, qui jusqu'ici lui avait toujours attribué la paternité de cet ouvrage, on serait autorisé, ce semble, à écarter par une fin de non-recevoir la troisième assertion du docteur Armaingaud : *L'auteur du Discours sur la Servitude volontaire est vraisemblablement Montaigne.*

Toutefois, il y a si grand profit à s'entretenir avec l'auteur des *Essais*, que nous ne résistons pas au plaisir de nous attarder en sa compagnie, désireux, du reste, de le venger des accusations calomnieuses dont on voudrait charger sa mémoire.

Laissons tout d'abord le docteur Armaingaud nous exposer à sa manière l'état de la question. « Si, comme je crois l'avoir » établi, déclare-t-il, les passages les plus significatifs du *Con-* » *tr'Un* visent Henri III et sa Cour, l'auteur les a écrits immé- » diatement après la Saint-Barthélemy, et son œuvre, prise » dans son ensemble, est une œuvre d'actualité politique. Tout » au plus, la composition de La Boëtie, simple exercice de rhé- » torique d'un jeune homme de seize ans, a pu en être l'occa- » sion, lui fournir son titre, le cadre général, et un certain » nombre de traits applicables à tous les tyrans et à toutes les » tyrannies (1). Cette *œuvre nouvelle*, la seule qu'ait connue le » seizième siècle, quel en est l'auteur ? C'est vers *Montaigne,* » *héritier des livres et des papiers* » de La Boëtie que va la » pensée tout naturellement. Dépositaire du manuscrit, il est » responsable du dépôt. Il ne l'ignore pas ; aussi allons-nous » le voir n'épargner aucun effort, aucune habileté de lan- » gage, pour échapper à cette désignation » (2).

Le lecteur peut saisir déjà le vice de l'argumentation de M. Armaingaud. Du fait que Montaigne a hérité de la « librairie » de son ami, l'éminent docteur se permet d'inférer que *tous* les écrits de La Boëtie sont devenus la propriété de l'auteur des *Essais*, et que, par suite, lui seul doit être tenu

(1) On remarquera la concession importante que nous fait ici le docteur Armaingaud. Il est vrai que la suite de son étude en atténue vite la portée.

(2) *La Boëtie, Montaigne et le Contr'Un*, page 25.

responsable de la publication du *Contr'Un*. C'est faire trop peu de cas de la logique. Qui ne voit qu'on peut être l'héritier « intellectuel » de quelqu'un sans posséder tous les papiers — même importants — tombés de sa plume ? Montaigne lui-même nous avertit à diverses reprises que plusieurs des écrits que La Boëtie avait composés dans sa jeunesse, lui ont échappé. Après nous avoir expliqué pour quelles raisons il s'est « dédit de loger » le *Contr'Un* dans les *Essais*, il ajoute : « Or, en échange de cet ouvrage sérieux, j'en substituerai un » autre, produit en cette même saison de son âge, plus gaillard » et plus enjoué. Ce sont vingt et neuf sonnets que le sieur de » Poiferré, homme d'affaires et d'entendement, qui le connais- » soit longtemps avant moi, a retrouvé par fortune chez lui, » parmi quelques autres papiers, et me les vient envoyer, de » quoi je lui suis très obligé ; et souhaiterois que *d'autres qui* » *détiennent plusieurs lopins de ses écrits, par ci, par là, en* » *fissent de même* » (1).

Ainsi, M. Armaingaud devra bien en convenir, d'autres personnes que Montaigne ont eu en mains certains manuscrits de La Boëtie, et, partant, ont pu les communiquer au public. Qui plus est, au dire de Montaigne, — dont il est vrai, pour les besoins de sa thèse, M. Armaingaud récuse le témoignage, — ce serait là le cas particulier du *Contr'Un* : « *Il court piéça es-* » *mains des gens d'entendement,* non sans bien grande et mé- » ritée recommendation ; car il est gentil et plein ce qu'il est » possible » (2). En refusant de faire la distinction qui s'impose entre les écrits que La Boëtie a pu composer avant sa liaison avec Montaigne, et ceux qu'il composa dans les courtes années de leur intimité fraternelle, M. Armaingaud travaille en vain à embrouiller la question. Montaigne a toujours déclaré qu'il ne possédait pas dans leur totalité les œuvres de jeunesse de La Boëtie. Pour nous qui n'avons pas de raisons de suspecter sa sincérité, ses affirmations ont plus de valeur que les déductions hypothétiques de M. Armaingaud.

Le critique bordelais insiste, et, à ses yeux, les contradic-

(1) Les *Essais*, l. I, ch. XXVII. Edition Jouaust (Paris, 1875).
(2) Les *Essais*, édit. Buchon, l. II, chap. XXVII.

tions qui se trouvent dans le chapitre XXVII des *Essais*, trahissent manifestement l'embarras de Montaigne et ses hésitations, au moment de couler sa prose sous le nom du plus cher de ses amis. — A y regarder de près, les contradictions que relève le docteur Armaingaud, sont beaucoup plus apparentes que réelles, et nul avant lui n'avait remarqué le style *confus et embarrrassé* de Montaigne dans ce chapitre de *l'Amitié*, le plus beau et peut-être le mieux écrit de tout l'ouvrage, les *Essais*.

Montaigne, suivant M. Armaingaud, se laisse prendre « *en flagrant délit d'inexactitude* », quand, après avoir déclaré dans la première édition des *Essais*, que La Boëtie avait composé le *Contr'Un* à l'âge de dix-huit ans, il écrit plus tard sur l'exemplaire conservé à la bibliothèque de Bordeaux : *seize ans*. — Oh que voilà de grands mots pour un fait de peu d'importance ! Si Montaigne a sciemment rajeuni son ami de quelques années (et nous sommes assez porté à le croire), lui imputera-t-on la chose à crime, alors que tant de gens de notre entourage — et des plus honnêtes — se rajeunissent chaque jour dans leurs conversations, et, ce faisant, ne trompent personne?... Pourquoi vouloir exiger de Montaigne qu'il nous donne la date exacte à laquelle La Boëtie a composé le *Discours sur la Servitude volontaire*, alors, nous le savons, qu'il n'est pas « de ceux qui l'ont pratiqué » dans sa jeunesse, et qu'il ne le connût qu'environ six ans avant sa mort?... Le premier texte des *Essais* porte que La Boëtie écrivit le *Contr'Un* « *n'ayant pas atteint le dix-huitième an de son âge* », Quand, à cette expression, on en conviendra assez imprécise, Montaigne substitue la date de seize ans, se trouve-t-il vraiment en contradiction avec lui même, et, loin de voir là quoi que ce soit qui l'accuse, ne devrait-on pas plutôt louer le scrupule exagéré qui lui fait apporter un correctif à sa première assertion ?

Dans ce même chapitre des *Essais* le docteur Armaingaud trouve encore matière à suspecter la bonne foi de Montaigne. « Le simple rapprochement de la première et de la dernière » page du chapitre, dit-il, met en lumière l'absence de sincé» rité. A la première page, Montaigne annonce qu'il va publier

» le *Discours* ; à la dernière, il déclare qu'il y renonce. Il savait » pourtant bien, quand il a livré le manuscrit à l'imprimeur, il » savait bien quand il a corrigé les épreuves qu'il ne les pu- » bliait pas. Il y a là une contradiction voulue. Il faut qu'il y ait » une intention cachée »(1). Laquelle? Le docteur Armaingaud va nous la révéler. En parlant « confusément et discordamment » dans ce chapitre « composé avec le maximum d'attention et de soin », Montaigne voulait donner à entendre au lecteur perspicace qu'il s'était passé au sujet de la publication du *Contr'Un* « quelque chose qu'il ne voulait et ne pouvait pas dire ».

Pour notre part, nous nous refusons à croire que Montaigne ait usé de toutes les finesses et roueries que lui prête M. Armaingaud dans ce chapitre, le seul où il ait laissé s'épancher son cœur. Sa volonté bien arrêtée, quand il a commencé à écrire le chapitre XXVII des *Essais*, était d'insérer le *Contr'Un* dans son ouvrage, pour offrir au lecteur le « tableau riche, poly et formé selon l'art » que sa suffisance n'allait pas « si avant que d'oser entreprendre » (2). S'il a renoncé à son dessein, c'est qu'entre temps et avant qu'il eût terminé son chapitre, le discours de La Boëtie avait été mis « en lumière et à mauvaise fin » (3), par les Réformés, et qu'en le reproduisant, Montaigne aurait craint d'être soupçonné de connivence avec ceux qui cherchaient « à troubler l'état de la police », entendez le gouvernement établi. Mais, dira-t-on, pourquoi Montaigne (le procédé était si simple), n'a-t-il pas, avant de livrer le manuscrit à l'éditeur, modifié le début de son chapitre, et fait disparaître le passage où il nous promet ce que les circonstances ne lui permirent pas dans la suite de nous donner? — L'auteur des *Essais* nous a prévenu lui-même qu'il « ajoute, mais ne corrige pas », ce qui n'est pas vrai dans tous les cas, mais dans la plupart des cas. On sait aussi que Montaigne aime à donner libre carrière à sa fantaisie, et qu'il ne se pique pas d'un ordre rigoureux. On peut enfin supposer

(1) *La Boëtie, Montaigne et le Contr'Un*, p. 44.
(2) Les *Essais*, l. I, ch. XXVII.
(3) *Id.* — — —

que la page où il annonce qu'il va publier le *Contr'Un*, lui a paru un exorde bien approprié au chapitre de l'amitié, qui nous retrace si éloquemment son affection pour La Boëtie. En la supprimant, Montaigne a pu craindre de détruire le mouvement du morceau, et de gâter un chapitre qui devait lui tenir fort à cœur. L'explication paraîtra suffisante à tous ceux qui savent l'admirable styliste qu'est l'auteur des *Essais*.

IV

C'est principalement dans la conduite politique de Montaigne que le docteur Armaingaud a cru pouvoir trouver la justification de sa thèse si hardie. Nous lui concèderons volontiers que l'auteur des *Essais* n'est point le sceptique désabusé qu'on se plaît trop souvent à nous représenter, ni le philosophe détaché du monde, qui, du haut de sa tour d'ivoire, assiste, — amusé ou mélancolique, — aux luttes des partis. Par contre, pensons nous, c'est méconnaître et défigurer Montaigne, que de vouloir le faire passer pour un homme d'action des plus passionnés, un mécontent et un conspirateur.

Entre ces deux opinions extrêmes il y a place pour une opinion moyenne, qui nous semble la vraie. Montaigne fut un patriote sincère, qui souffrit des maux dont les guerres civiles accablèrent sa patrie, un citoyen intelligent et dévoué, qui, en dépit d'un tempérament porté à la mollesse, déploya un zèle méritoire à conserver et à défendre la chose publique. Nous ne rechercherons pas avec M. Armaingaud pour quelles raisons Montaigne, en 1571, abandonna (plus ou moins brusquement) la Cour de Charles IX ; nous ne suivrons pas non plus le même écrivain dans les longs développements où il cherche à nous persuader que la perfidie et la cruauté non moins que la vie ignominieuse « de bandits couronnés tels qu'Henri III et sa mère » (1), après avoir détourné Montaigne

(1) L'expression est de M. Armaingaud, que la nécessité de justifier sa thèse contraint de noircir les caractères d'Henri III et de Catherine de Médicis.

de servir les Valois, l'ont par réaction jeté dans les bras des Réformés et de leur chef Henri de Navarre. M. Armaingaud nous promet une étude spéciale où il exposera plus en détails la politique de Montaigne : il nous sera loisible alors de reprendre la question. D'ores et déjà nous croyons pouvoir dire que toutes les marques de faveur que Montaigne reçut d'Henri IV, au temps où il n'était encore que roi de Navarre, comme aussi la sympathie et l'attachement que l'auteur des *Essais* a pu éprouver pour un prince dont l'intelligence, la bravoure, la bonne humeur toute gasconne l'avaient séduit, ne feront jamais que Montaigne ait écrit les passages les plus violents du *Contr'Un* pour soulever le peuple contre Henri III.

Aussi bien, — M. Armaingaud note lui-même le fait, dont (chose incroyable) il essaie de tirer un argument en faveur de sa thèse, — n'est-ce pas à Henri III que Montaigne a fait hommage, en 1580, de son ouvrage des *Essais* ?...et peut-on supposer que c'est ce même prince dont il se déclare le très dévoué serviteur, que Montaigne a voulu quelques années auparavant flétrir à tout jamais dans le *Contr'Un ?* Faut-il rappeler aussi la correspondance échangée entre Henri III et Montaigne au sujet de la mairie de Bordeaux, ainsi que les *Avis dictés par Catherine de Médicis à Charles IX*, peu de temps avant la majorité de ce prince, avis qui furent rédigés et nous ont été conservés par l'auteur des *Essais* ?

Montaigne, toute sa conduite politique le prouve, fut un royaliste convaincu, un citoyen respectueux du pouvoir établi, ami avant tout de la paix et de l'ordre public. Certes, quand on connait son esprit tolérant et sa largeur d'idées, on ne peut douter de la consternation dans laquelle dut le jeter la nouvelle du massacre de la Saint-Barthélemy. Mais, en dépit de cet acte cruel de politique, qu'il dut blâmer plus qu'aucun de ses contemporains, nous le voyons qui reste fidèle à Charles IX comme il restera plus tard fidèle à Henri III, et jusqu'au dernier moment. Montaigne, en effet, quand il se laisse guider par sa nature, qui est tout esprit et raison, estime que la monarchie et le catholicisme sont les forces vives de la France, et que travailler à les affaiblir, c'est en quelque sorte travailler à détruire la patrie elle-même.

En toutes choses il se montre *traditionaliste*, et ennemi des « nouvelletés » quelles qu'elles soient. « Ils disent, écrit-il à » Mlle de Montaigne, qu'un habile homme peult bien prendre » femme, mais que de l'espouser, c'est à faire à un sot. Lais- » sons les dire : je me tiens de ma part à la simple façon du » vieil aage; aussi en porté-je tantôt le poil. Et, de vray, la nou- » velleté couste si cher jusqu'à ceste heure à ce pauvre estat » (et si, je ne scays si nous en sommes à la dernière enchère) » qu'en tout et partout j'en quitte le party. *Vivons, ma femme,* » *vous et moy à la vieille Francoyse* » (1).

Ce n'est pas que l'esprit « merveilleusement ondoyant et divers » de l'auteur des *Essais* n'ait été parfois hésitant entre les deux partis politiques qui se disputaient le pouvoir, et même sollicité par le pitoyable état où il a vu réduite à certains moments la religion protestante : « Je condamne en » nos troubles, nous avoue-t-il, la cause de l'un des deux par- » tis, mais plus quand elle fleurit et quand elle prospère ; elle » m'a parfois concilié à soy, pour la voir misérable et acca- » blée » (2). De tels sentiments sont tout à l'honneur de Montaigne. On ne saurait, toutefois, en conclure avec le docteur Armaingaud que le moraliste périgourdin ait été un ami sûr et discret des Réformés.

Avec complaisance M. Armaingaud énumère les célébrités protestantes ou les défenseurs de la tolérance religieuse avec qui Montaigne entretint commerce épistolaire, et qui lui témoignèrent estime ou amitié. Ce furent, par exemple Henri de Navarre, Etienne Pasquier, Paul de Foix, François Hotman, Duplessis-Mornay, de Thou, d'Aubigné (Michel de l'Hospital, qui n'est pas cité), et autres personnages trop connus pour qu'il soit besoin de faire suivre leur nom de leur fiche politique et religieuse. Il nous serait trop facile, on le croira aisément, d'établir une liste beaucoup plus longue de catholiques notoires avec qui Montaigne fut lié d'amitié. Mais cela

(1) Lettre à « Madamoiselle de Montaigne », qui sert de préface à la *Lettre de consolation de Plutarque à sa femme*, composée par La Boëtie.

(2) Les *Essais*, édition de 1588, f° 489 verso ; et édit. Jouaust, 1875, t. IV, p. 207... — Cité par M. Armaingaud.

prouverait-il quelque chose, si ce n'est que l'auteur des *Essais* eut assez de générosité pour ouvrir son cœur aux honnêtes gens de tous les partis ?

M. Armaingaud n'est pas le premier qui s'efforce de nous présenter Montaigne non seulement comme un ami des Réformés, mais même comme un adepte fervent du calvinisme. D'autres avant lui — désireux de soustraire au catholicisme un penseur de génie — avaient tenté le coup. Le succès n'est pas venu couronner leurs efforts, car, contre eux, ils avaient à la fois Montaigne lui-même et ses écrits, Montaigne dont la mort fut un sublime acte de foi au dogme de la Présence réelle (1), ses écrits d'où l'on peut extraire une profession d'obéissance filiale à l'Eglise catholique, aussi significative que celle-ci : « Je... soumets au jugement de ceulx à qui il » touche de régler, non seulement mes actions et mes escripts, » mais encore mes pensées. Egualement m'en sera acceptable » et utile la condamnation comme l'approbation, tenant pour » absurde et impie si rien se rencontre, ignoramment ou inad- » vertamment couché en cette rapsodie, contraire aux sainctes » résolutions et prescriptions de l'Eglise catholique, aposto- » lique et romaine, en laquelle je meurs et en laquelle je suis » nay... » (2). De leur côté, certains philosophes du XVIIIe et du XIXe siècle ont essayé de compromettre Montaigne par une admiration exagérée de ses écrits, à la seule fin de le faire passer pour un des leurs. Il convenait évidemment qu'un penseur, aussi libre de pensée que Montaigne, fût un libre penseur. On a beaucoup parlé du scepticisme de l'auteur des *Essais*. Mais qu'est-on parvenu à découvrir en y regardant de plus près ? C'est que le scepticisme de Montaigne fut simplement « la forme que prit chez lui le sentiment religieux» (3). Montaigne, quoi qu'en puisse penser M. Armaingaud, fut chrétien de cœur et catholique de raison. Qu'à certaines heu-

(1) Montaigne, sentant venir sa dernière heure, voulut qu'on célébrât la messe dans sa chambre, et c'est dans l'effort qu'il fit pour s'agenouiller au moment de l'élévation qu'il expira.

(2) *Les Essais*, liv. I, chap. LVI.

(3) Strowski, Montaigne. (Collection des grands philosophes). Alcan, Paris, 1905.

res de sa vie, il ait éprouvé une attirance vers le protestantisme, auquel avaient donné leur assentiment non seulement de nombreux gentilshommes périgourdins et bordelais de ses amis, mais aussi sa mère, sa sœur et son frère, Th. de Beauregard, le fait est assez admissible. Toutefois, ce que l'on peut affirmer, les *Essais* en mains, c'est que Montaigne, avec son esprit perspicace, eut vite fait de percer les intentions des chefs de la Réforme, et il se détacha — sans même lui avoir donné de gages — d'un parti dont les visées ambitieuses ne produisaient dans tout le royaume que confusion et désordre. Le philosophe s'est, du reste, exprimé clairement à ce sujet dans l'apologie de Raymond Sebond : « Je suis bien desgoûté de la *nou-* » *velleté*, quelque visage qu'elle porte, et ai raison, car j'en ay » veu des effets très dommageables ; celle qui nous presse » depuis tant d'ans, elle n'a pas tout exploicté, mais on peut » dire avec apparence que par accident elle a tout produict et » engendré, voire et les maux et les ruynes qui se font depuis » sous elle et contre elle » (1).

V

Si le docteur Armaingaud met tant d'insistance à nous représenter Montaigne sympathisant aux Réformés, ce n'est pas sans nourrir une arrière-pensée. Il veut nous persuader — c'est là le fond même de sa thèse — que c'est Montaigne — et lui seul — qui a communiqué aux protestants le *Contr'Un*, après l'avoir « profondément remanié pour en faire un manifeste politique » (2).

Tout ce qui a été dit précédemment, suffit à réfuter cette étonnante conclusion qui, suivant le procédé habituel à M. Armaingaud et au mépris d'une des plus importantes règles du syllogisme, s'étend beaucoup plus loin que les prémisses établies pouvaient le faire supposer. Parce que Montaigne a conservé des relations amicales dans le monde protestant, et qu'en faveur des Réformés traqués de toutes parts, il a écrit

(1) Les *Essais*, liv. I, chap. XXII.
(2) *La Boëtie, Montaigne et le Contr'Un*, p. 37.

une phrase de commisération, est-on autorisé et « comme » forcément amené à dire : c'est cet homme qui a fait passer » cette arme (le *Contr'Un*) aux persécutés ; c'est lui-même qui » l'a forgée ; c'est sa main secourable qui, prenant dans le dé- » pôt à lui confié par son ami, ce précieux papier, en a rema- » nié le texte pour le donner aux opprimés, en l'adaptant à » leurs desseins ? » (1).

M. Armaingaud l'a pensé. Il sera probablement seul de son avis. C'est tout gratuitement, en effet, qu'il suppose que Montaigne a dû se livrer à une refonte générale du *Contr'Un* pour faire de cet innocent pastiche de l'antiquité une mordante philippique contre Henri III. Montaigne, quand il l'aurait voulu, n'aurait pas pu en agir ainsi avec le manuscrit de La Boëtie. Son imposture eut été vite découverte, vu que le *Discours de la Servitude*, comme nous l'avons déjà prouvé par le texte même des *Essais*, était connu longtemps avant sa publication et apprécié de « beaucoup de gens d'entendement ».

Nous inclinons plutôt à croire que les interpolations et altérations qui se rencontrent dans le *Contr'Un* sont l'œuvre des éditeurs protestants, dont le plus connu à cette époque était Simon Goulart, de Genève. Comme bien l'on pense, les Réformés accueillirent avec empressement le manuscrit de La Boëtie qui, au lendemain de la Saint-Barthélemy, leur parut très propre à incarner leurs sentiments de haine et de révolte contre le pouvoir royal de l'époque (Charles IX). Au titre primitif : *Discours sur la Servitude volontaire* ils substituèrent celui de *Contr'Un*, ou critique du pouvoir d'un seul, comme répondant mieux à leurs desseins. Mais, en gens habiles, ils se gardèrent bien de faire subir au *Discours* des changements notables, qui eussent soulevé les clameurs des amis de La Boëtie. Ils se bornèrent, comme nous allons pouvoir le constater, à de très légères interpolations ou altérations, suffisantes, toutefois, pour donner à l'œuvre de La Boëtie une physionomie d'actualité.

Nous possédons trois textes du *Discours sur la Servitude*

---

(1) *La Boëtie, Montaigne et le Contr'Un*, p. 38.

volontaire. Le premier qui n'est qu'un fragment important du *Discours*, a paru, l'on s'en souvient, dans le *Réveille-matin des Français*. Le second, inséré dans les *Mémoires de l'Estat de France sous Charles le neufvième*, contient le *Discours* en entier. Le troisième, dit *Copie de Mesmes*, se trouve à la Bibliothèque nationale (fonds français 839) (1). Un jeune agrégé de l'Université, M. Pierre Villey, s'est livré à un intéressant travail de comparaison entre ces divers textes. Alors que la copie d'Henri de Mesmes et le texte des *Mémoires de l'Estat de France* sont d'accord, le *Réveille-matin* offre parfois une variante. Ainsi nous lisons dans les *Mémoires de l'Estat de France* cette phrase : « Ce qui se fait en tout païs, par tous les hom- » mes, tous les jours, qu'un homme mastine cent mille et les » prive de leur liberté... » Cette même idée est reproduite dans le *Réveille-matin* ; mais on en a si bien renforcé le sens par la détermination précise des lieux, que d'une déclamation générale contre la tyrannie, on a fait une critique amère du gouvernement des Valois au XVIe siècle : « Mais ce qui se fait tous » les jours devant nos yeux, *en nostre France* qu'un homme » seul mastine cent mille villes et les prive de leur liberté... » Ailleurs, l'auteur du *Discours* reproche aux sujets du tyran, de se rendre par leur apathie « les complices de ses pilleries, » les ministres de ses convoitises, les exécuteurs de ses ven- » geances ». A ces accusations, le *Réveille-matin* ajoute un nouveau grief, dont on appréciera la portée, en se reportant à ces temps de disputes religieuses : « *Et bourreaux des consciences de vos concitoyens* ».

Telles sont les principales inexactitudes — inexactitudes certainement voulues — que l'observateur attentif peut remarquer entre les divers textes du *Discours de la Servitude*,

(1) Ce manuscrit a été publié en 1863 par le docteur Payen. Henri de Mesmes, l'ami de Montaigne et le célèbre négociateur du traité de St-Germain — qui en fut le premier possesseur, s'est appliqué à éclairer le texte de La Boëtie par de nombreuses citations extraites d'auteurs anciens. *Il ne relève aucune allusion politique contemporaine*, mais, royaliste convaincu, il se pose en défenseur du gouvernement monarchique, et note que Rome, au temps où elle était une république, exerçait une odieuse tyrannie.

qui sont en notre possession. On voit leur peu d'importance et, par suite, combien reste contestable la thèse de M. Armaingaud, suivant lequel de très longs développements auraient été ajoutés au *Discours*, lors de sa publication. Les choses étant telles, Montaigne ne put protester que contre l'intention « mauvaise » de ceux qui, en mêlant le *Discours* « à d'autres escripts de leur farine (1), lui donnèrent « un sens tout contraire à celui que son sage et son savant auteur avait (eu) en le composant » (2). La postérité n'a pas hésité à enregistrer la protestation de l'auteur des *Essais* qu'elle a crue sincère. Seul, M. Armaingaud a mis en doute la bonne foi de Montaigne ; c'est là, entre lui et nous un sujet de discussion que nous nous reprocherions d'éviter, et sur lequel nous ne tarderons pas à nous expliquer.

Mais auparavant il y a lieu de rechercher quelle main a pu transmettre aux Réformés l'inoffensive déclamation de La Boëtie. M. Armaingaud nous a exposé longuement toutes les raisons qui, à son sens, militent en faveur de la remise du document par Montaigne. Nous en avons montré le mal fondé, nous ne pouvons que redire ici que la vie de Montaigne, son caractère, ses écrits, tout s'oppose au rôle politique que lui prête le docteur Armaingaud. Il est plus naturel, à notre avis, de supposer que le *Discours de la Servitude* a été communiqué aux éditeurs protestants par un protestant lui-même.

Et ici se présente à notre pensée un homme qui connut La Boëtie, vécut en bons rapports avec lui et ne dut ignorer aucun de ses écrits. C'est Th. de Beauregard, le propre frère de Montaigne, celui-là même que La Boëtie, sur le point de rendre l'âme, adjura en termes pathétiques de quitter la religion protestante :

« Monsieur de Beauregard, je vous mercie bien fort de la peine que vous prenez pour moy. Vous voulez bien que je vous descouvre quelque chose que j'ay sur le cœur à vous dire? » (De quoi, rapporte

---

(1) Les *Essais*, livre I, chap. XXVII.

(2) De Thou. *Histoire universelle*, chap. LXXXV. Il convient peut-être de faire remarquer que cette déclaration si nette de de Thou — historien nullement méprisable, *non spernendus auctor* — contredit absolument la thèse de M. Armaingaud.

Montaigne, quand mon frère lui eutdonné asseurance, il suyvit ainsi). « Je vous jure que de tous ceulx qui se sont mis à la réformation de l'Eglise, je n'ay jamais pensé qu'il y en ayt eu un seul qui s'y soit mis avecques meilleur zèle, plus entière, sincère et simple affection que vous ; et crois certainement que les seuls vices de nos prélats, qui ont sans doute besoing d'une grande correction, et quelques imperfections que le cours du temps a apporté en nostre Eglise, vous ont incité à cela. Je ne vous en veulx pour ceste heure, desmouvoir ; car aussi ne prie-je pas volontiers personne de faire quoy que ce soit contre sa conscience ; mais je vous veulx bien advertir qu'ayant respect à la bonne réputation qu'a acquis la maison de laquelle vous estes, par une continuelle concorde, maison que j'ay autant chère que maison du monde (mon Dieu, quelle case, de laquelle il n'est jamais sorty acte que d'homme de bien !), ayant respect à la volonté de vostre père, ce bon père à qui vous devez tant, de vostre bon oncle ; à vos frères (vous, fuyez ces extrémités), *ne soyez point si âpre et si violent* ; accommodez-vous à eulx ; ne faites point de bande et de corps à part ; joignez-vous ensemble. Vous veoyez combien de ruynes ces dissentions ont apporté en ce royaume ; et vous respond qu'elles en apporteront de bien plus grandes ; et comme vous estes sage et bon, gardez de mettre ces inconvénients parmy votre famille, de peur de luy faire perdre la gloire et le bonheur duquel elle a jouï jusques à ceste heure. Prenez en bonne part, Monsieur de Beauregard, ce que je vous en dis, et pour un certain témoignage de l'amitié que je vous porte : car pour cest effet me suis-je réservé, jusques à ceste heure, à vous le dire ; et, à l'adventure, vous le disant en l'estat auquel vous me veoyez, vous donnerez plus de poids et d'auctorité à mes paroles » (1).

Montaigne, qui nous a retracé avec émotion les derniers moments de son ami, ajoute ces simples mots à ce discours : « Mon frère le remercia bien fort ». Mais, nous savons que le sire de Beauregard ne se laissa pas toucher par les conseils de La Boëtie mourant, et, farouche calviniste à l'instar de d'Aubigné, resta inébranlablement attaché à la religion protestante qui l'avait conquis tout entier. Par suite, n'est-on pas fondé à supposer que c'est Th. de Beauregard, protestant zélé plutôt que Montaigne, catholique avéré, qui dût communiquer le discours de La Boëtie aux Réformés ?... Entre notre

(1) Montaigne, *Correspondance. Lettre à son père*, I.

hypothèse, qui s'appuie sur un fait précis, et l'hypothèse de M. Armaingaud, fruit de son imagination, le lecteur choisira.

Poussant jusqu'au bout ses déductions, M. Armaingaud ajoute que « par le seul fait de son entente avec les révoltés » Montaigne devient politiquement « un personnage tout différent de celui qu'on pensait connaître ». Nous ne saurions, pour notre part (et tous les lecteurs des *Essais* seront de notre avis), accepter le *Montaigne nouveau* qu'a cru découvrir le docteur Armaingaud.

Montaigne violent et passionné, Montaigne conspirateur et révolutionnaire, Montaigne retors, fourbe, dissimulé, nous n'avons vu nulle part ce personnage dans les *Essais*, où cependant le moraliste périgourdin a voulu se peindre tout entier, si nous en croyons son Avertissement au lecteur : « C'est » icy un livre de bonne foy, lecteur... Je veulx qu'on m'y veoye » en ma façon simple, naturelle et ordinaire, sans estude et ar- » tifice ; car c'est moy que je peinds. Mes deffauts s'y liront au » vif, mes imperfections et ma forme naïfve, autant que la ré- » vérence publicque me l'a permis. Que si j'eusse esté parmy ces » nations qu'on dict vivre encores soubs la doulce liberté des » premières loix de nature, je t'asseure que je m'y feusse » très volontiers peinct tout entier et tout nud» (1). Ailleurs Montaigne nous dit encore : « Je suis affamé de me faire connaître, et ne me chault à combien, pourvu que ce soit veritablement ».

Ces déclarations si nettes n'ont pas arrêté le docteur Armaingaud dans sa tentative de nous persuader que Montaigne, toutes les fois qu'il a intérêt à violer la vérité, n'hésite pas à mentir : « Admirez, dit-il, la peine que prend l'auteur des » *Essais* pour nous faire croire que ses ancêtres étaient les sei- » gneurs de Montaigne, alors qu'ils s'appelaient simplement Ey- » quem; souvenez-vous aussi qu'après avoir fixé à dix-huit ans » l'âge auquel La Boëtie avait composé le *Discours de la Servi-* » *tude*, Montaigne a dû plus tard reconnaître l'inexactitude de

(1) Les *Essais* Avertissement de l'auteur au lecteur.

» cette date. » — Et voilà sur quels faits (il n'a pu en découvrir d'autres du même genre) M. Armaingaud s'appuie pour attaquer la véracité de l'auteur des *Essais*.

Certes, nous n'ignorons pas que l'auteur des *Essais* était un personnage complexe, et ce serait un tort de le juger tout d'une pièce. Ne nous avoue-t-il pas lui-même dans son ouvrage — et avec une parfaite candeur — que toutes les contradictions se rencontrent en sa personne. Tour à tour « hon-
» teux, insolent ; chaste, luxurieux ; bavard, taciturne ; labo-
» rieux, délicat ; ingénieux, hébété ; chagrin, débonnaire ; men-
» teur, véritable ; savant, ignorant ; et libéral et avare, et pro-
» digue », il ne peut rien dire de lui, « entièrement, simplement
» et solidement »... « *Distinguo* » est le plus universel membre de sa logique (1). — N'empêche que la qualité principale de Montaigne, celle qui transpire à travers tous ses écrits, et qui nous rend l'homme si sympathique, c'est la franchise. Ecoutons-le parler du mensonge : « En vérité, le mentir est
» un mauldict vice... Si nous en cognoissions l'horreur et le
» poids, nous le poursuivrions à feu, plus justement que d'aul-
» tres crimes » (2). Ailleurs, l'auteur des *Essais* nous déclare qu'il souffre peine à se feindre, et qu'il aime mieux être importun et indiscret que flatteur et dissimulé (3). « Je suis en-
» nemi, dit-il encore, des actions subtiles et feinctes, et hay la
» finesse, en mes mains, non seulement récréative, mais aussi
» proufitable ; si l'action n'est vicieuse, la route l'est » (4).

Est-il besoin de multiplier les citations pour convaincre le lecteur que les ouvrages de Montaigne, où la sincérité reluit à chaque page, protestent contre les accusations outrageantes du docteur Armaingaud. Autre chose, on en conviendra, est d'avancer une date inexacte ou de céder à un sentiment de vanité en parlant de ses aïeux, autre chose est d'aller exploiter la mort d'un ami pour lui imputer un écrit subversif, dont

---

(1) Les *Essais*, liv. II, chap. I.
(2) Id. liv. I, chap. IX.
(3) Id. liv. II, chap. XVII.
(4) Id. liv. I, chap. XX.

on n'ose pas s'avouer l'auteur. Qui ne voit la bassesse du procédé et tout ce qu'il comporterait de perversité chez Montaigne : déloyauté envers le plus cher de ses amis, celui-là même dont il disait : « Nous étions la moitié de tout », — dissimulation et fourberie aggravée d'une longue préméditation, acte personnel de lâcheté et de couardise, acte public d'insubordination contre le pouvoir établi, trahison, enfin, envers la postérité, qui n'aurait connu qu'un *faux* La Boëtie. Si le cœur a ses raisons plus éloquentes que la raison même, qui, à l'exception de M. Armaingaud, pourrait croire que Montaigne, dont l'accent est si ému et si vrai toutes les fois qu'il parle de son ami, a poussé l'astuce jusqu'à vouloir nous abuser par l'étalage de sentiments qui n'étaient pas les siens, ou la perfidie jusqu'à commettre envers La Boëtie ce que l'on pourrait appeler un crime de lèse-amitié?...

VI

Sur la fin de son étude, M. Armaingaud nous avertit qu'on serait mal venu de lui opposer des objections puisées dans l'examen littéraire du *Discours sur la Servitude*, et qu'au demeurant, un tel travail ne ferait qu'apporter à sa thèse une nouvelle confirmation. Ici encore, M. Armaingaud veut nous en imposer. Une foule de détails, tout d'abord, disent clairement à qui sait voir que, l'auteur du *Contr'Un* n'est pas le même que celui des *Essais*. En voici deux entre vingt.

Montaigne, on le sait, entend mal le grec, et c'est à la traduction d'Amyot qu'il a recours, toutes les fois qu'il veut citer Plutarque. L'auteur du *Discours sur la Servitude* fait aussi de fréquents emprunts au moraliste grec, mais il traduit *lui-même* Plutarque, et sa traduction l'emporte d'ordinaire sur celle d'Amyot par l'exactitude de la pensée et la sobriété du langage. — Un observateur attentif pourrait encore remarquer que l'auteur du *Contr'Un* a l'habitude de franciser les noms propres anciens. Il dit : Tite, Pyrrhe, Vespasian, etc... Au contraire, l'auteur des *Essais* laisse le plus souvent leur forme ancienne à ces mêmes noms : Titus, Pyrrhus, Chrysippus, Theophrastus. La remarque, malgré son peu d'importance, n'est pas négligeable.

Mais venons-en au style proprement dit. M. Armaingaud, désireux de prévenir notre jugement, nous avertit d'avance que Montaigne avait plusieurs styles, et ce n'est pas nous qui le contredirons. Le style des *Essais* n'est pas celui des *Lettres*, ni celui des *Voyages*, et dans les *Essais* mêmes, comme l'a noté M. Stapfer, on peut distinguer deux genres d'écrire fort dissemblables. Le docteur Armaingaud se refuse pour cette fois à instituer une comparaison sous le rapport de la langue et de la syntaxe, entre les *Essais* et le *Discours sur la Servitude*, mais il nous laisse entendre qu'il pourra bien quelque jour nous donner cette étude philologique. Nous l'attendrons avec patience — doutant fort qu'elle paraisse jamais, — et sans crainte, — bien assuré qu'elle ne saurait justifier en rien les conclusions de M. Armaingaud. Mais que le bon docteur prenne garde ! Vouloir par le style d'un ouvrage, écrit il y a plus de trois siècles, discerner son auteur, est en littérature le tour de force le plus périlleux qu'il soit, et il est arrivé quelques déconvenues cruelles à certains critiques, qui s'étaient cru de taille à l'exécuter. Qu'il nous soit permis, à ce propos, de conter en terminant, à M. Armaingaud une petite anecdote toute récente.

Il y a quelque six mois, une importante Revue anglaise, *The Connoisseur*, *le Connaisseur*, vient à tomber dans nos mains. Un titre dans le sommaire frappe nos yeux : *Découverte d'un ouvrage attribué à Montaigne*. Tout réjoui à la pensée de savourer quelques pages inédites de l'auteur des *Essais*, nous feuilletons avec fièvre les pages du *Connaisseur*. La Revue reproduisait, avec le fac-simile du titre, la vingt-troisième page d'un petit ouvrage, daté de 1584, et intitulé : *De l'œil des Rois et de la Justice* (1). Qui pouvait bien en être l'auteur ?

Le volume relatait un fait important de notre histoire. En présence du désordre qui régnait dans une grande partie du pays, Henri III avait jugé bon d'accorder aux capitales de certaines provinces des cours de justice locales, destinées à faci-

(1) *De l'Œil des Rois et de la Justice*. Remonstrance faicte en la ville de Bordeaux à l'ouverture de la Cour de justice envoyée par le Roy en ses païs et duché de Guyenne. A Paris, chez Robert le Mangnier, ruë Neufve Nostre-Dame, à l'image Sainct Jean-Baptiste, 1584.

liter l'exercice de la justice et à l'accélérer. Il était question dans *l'Œil des Rois et de la Justice* des mesures prises à cette occasion à Bordeaux en 1582 et 1583 pour la province de Guyenne, et des bons effets qu'on attendait de l'innovation royale.

Après avoir constaté, d'une part, que l'opuscule précité avait été écrit en l'année 1582, et qu'il était un plaidoyer en faveur du pouvoir monarchique, d'autre part, que de 1582 à 1584 Montaigne exerça les fonctions de maire de Bordeaux et que ses rapports avec Henri III (nous citons la Revue) étaient « *excellents* », le critique anglais posait cette question : Qui alors, à Bordeaux, « en dehors de Montaigne, aurait su écrire « un tel document? Qui, à part lui, y eût intercalé tant de cita- » tions tirées d'auteurs grecs et latins, que presque la moitié » du texte se compose de citations? Et enfin, qui eût cité Chri- » sippe, un des auteurs préférés de Montaigne, dont le nom ne » devait être très probablement connu de personne en Guyenne et de bien peu de gens à Paris même? »

Ayant de la sorte insinué qu'il était au moins possible que nous eussions là une œuvre de Montaigne, l'auteur de l'article ajoutait qu'au reste, certains signes caractéristiques venaient « corroborer les arguments déjà exposés » (lesquels?). Et il citait cette phrase qui, assurait-il, sentait bien son Montaigne : « Un home est bien malade quand il ne » sent point son mal : mais quand nô seulement il le sent et » le cognoit, mais aussi scait et entered les causes et les re- » mèdes d'icelui, il est ja à demy query » (1). — Le *ja* pour *déjà*, concluait le critique anglais, est caractéristique : *The ja for deja is itself characteristic* ».

Bien que la faiblesse de cette argumentation ne nous échappât point, nous avons tenu à rechercher l'exemplaire unique de l'ouvrage *De l'Œil des Rois et de la Justice*, qui était dit se trouver à la Bibliothèque nationale... Le précieux volume avait disparu. Notre désir de le lire n'en devint que plus vif. Sur nos instances, le Conservateur de la Bibliothèque — dont la bienveillance est si connue des travailleurs — voulut bien

(1) *De l'Œil des Rois et de la Justice*, p. 25.

ordonner des recherches spéciales, et enfin, après huit jours d'attente, l'ouvrage demandé nous fut remis. Il nous parut de prime abord de mince intérêt, et, malgré une étude attentive, nous n'y remarquâmes aucune ressemblance avec la pensée et le style de l'auteur des *Essais*. Poussant plus loin nos investigations, nous parvînmes à découvrir que l'auteur de *l'Œil des Rois et de la Justice* n'était autre qu'Antoine Loysel, jurisconsulte distingué et bon orateur, qui exerça les fonctions d'avocat général auprès de la Cour de Justice, instituée à Bordeaux en 1582. Une note de l'intéressant ouvrage de M. Paul Bonnefon : *Montaigne et ses amis*, vint, en outre, nous confirmer dans notre croyance.

Ainsi, le critique anglais avait commis une grosse bévue en attribuant à Montaigne un ouvrage à la composition duquel le moraliste périgourdin n'avait eu aucune part. Son excuse (si tant est que c'en soit une), avait été de céder au penchant qui nous incline à mettre sur le compte des auteurs célèbres les ouvrages anonymes parus de leur temps.

Puisse cet exemple rendre prudent M. Armaingaud, et le faire réfléchir avant de nous donner l'étude philologique, qui doit achever de nous convaincre que « Montaigne est le véritable et le seul auteur des remaniements et, par conséquent, du *Discours sur la Servitude*, tel que nous l'avons » (1). Certes, il n'y aurait rien d'étonnant à ce que l'on rencontrât quelques tours et expressions similaires dans le *Contr'Un* et les *Essais*, puisqu'aussi bien La Boëtie et Montaigne ont vécu à la même époque, et qu'entre leurs âmes l'union était si étroite qu'on ne retrouvait plus « la cousture » qui les avait jointes. Mais M. Armaingaud aura beau faire : le style âpre, tendu, nerveux, éloquent, parfois déclamatoire et trop souvent uniforme du *Discours sur la Servitude volontaire*, ne ressemble que de très loin au style alerte, vif, rapide, imagé et si varié des *Essais*. Chez La Boëtie, la pensée vigoureuse engendre le mot ; il n'en est pas de même chez Montaigne, qui, en revanche, a déjà la coquetterie de la forme, et dont on peut dire que « ses nonchalances sont ses plus grands artifices ».

(1) Docteur Armaingaud, *La Boëtie, Montaigne et le Contr'Un*, p. 48.

Les raisons littéraires, philologiques et historiques s'ajoutent donc aux raisons de sentiment pour réfuter la thèse de M. Armaingaud. La Boëtie doit être tenu aujourd'hui, comme par le passé, pour le véritable auteur du *Discours sur la Servitude volontaire.* Chercher à accroître la renommée de Montaigne en lui attribuant des ouvrages qu'il n'a pas composés, est d'un zèle superflu. Il suffit à la gloire du moraliste périgourdin d'avoir écrit les *Essais,* cet ouvrage sans pareil où est contenue la fleur de l'esprit français, et qui mérite de rester à jamais dans notre littérature comme « le bréviaire des honnestes gens ».

ERRATA

PAGE 25. — Au lieu de : *Plusieurs membres de Pléïade*, lire : plusieurs membres de *la* Pléïade.

PAGE 35, note 1. — Lettre à mademoiselle de Montaigne, qui sert de préface à la *Lettre de consolation de Plutarque à sa femme*, COMPOSÉE par La Boëtie. Lire : *mise en français* par La Boëtie.

NOTE

PAGE 25. — « Les nostres semèrent en France je ne sçais quoi de tel : des *crapauds* (1), des fleurs de lis, l'ampoule, l'oriflan.... » (*Discours sur la Servitude volontaire*).

---

(1) Les *crapauds*, comme chacun sait, étaient l'emblème des rois de France avant Clovis. Ce fut ce prince qui, le premier, substitua à ces affreux batraciens les lis gracieux. Dans le tombeau d'un roi mérovingien l'on a trouvé une soixantaine de petits crapauds d'or, et il existe une prophétie de Nostradamus, où un prince — que l'on croit être Louis XIV — est désigné comme « Le très puissant seigneur, *héritier des crapauds* ».

www.ingramcontent.com/pod-product-compliance
Lightning Source LLC
LaVergne TN
LVHW050215180726
843501LV00012BA/1858

* 9 7 8 2 3 2 9 6 6 6 9 9 0 *